Lightning Source UK Ltd.
Milton Keynes UK
UKHW022018301222
414662UK00019B/183

9 781736 129142

گم شو

دکتر مرجان آصفی

شناسنامه کتاب

نام کتاب گم شو
نویسنده مرجان آصفی
ویراستار مهشید آژیر - زهرا سروش
جلد و صفحه بندی علی توکلی
تاریخ انتشار جولای ۲۰۲۱
محل انتشار کالیفرنیا آمریکا
شماره ISBN ۹۷۸۰۵۷۸۵۴۵۵۰۹
این کتاب بوسیله شرکت چشمه کتاب از انتشارات ماهنامه خدنگ برای چاپ آماده گردیده و در سایت آمازون و چشمه کتاب و ماهنامه خدنگ برای فروش میباشد
برای تهیه این کتاب به منابع زیر مراجعه نمایید
شرکت چشمه کتاب ۹۴۹-۲۶۴-۲۲۰۳
ماهنامه خدنگ ۹۴۹-۲۴۳-۷۹۹۴
شرکت ناشر Ingram Lightning Source
و یا در روی تارنمای آمازون به آدرس زیر کتابهای مرجان آصفی مراجعه نمائید

http://www.amazon.com/

کتاب های منتشر شده از این نویسنده

زندگی فهم نفهمیدن هاست	۲۰۲۱
گم شو	۲۰۲۱

مقدمه:

همه ی ما نفرین شدگان دنیای مدرن هستیم. هر چه دستمان را رو به آسمان بالا می بریم جز حلال چیزی از کائنات نمی گیریم. باید ملال را طاقت بیاوریم. دنیای مدرن در تلاش یادآوری سرعت ریتم روزمره گی ماست. ما با دنیایی که ساختیم دچار روزمره گی شدیم. این کتاب به ما نشان می دهد تا زمانی که در روزمره گی هستیم دچار نفرین جهان هستی هستیم. به ما یادآور می‌شود چطور از روزمره گی خود خارج شویم. ما شبیه کتابی هستیم پر از اطلاعات ولی هنوز به فعل در نیامده هست نیازمند عمل به آن ها هستیم. گم شدن به معنای سکوت که چقدر در دنیای مدرن و شلوغ به آن احتیاج داریم. همانطور که گفته می‌شود سکوت سرشار از ناگفته هاست، ما چقدر در خلوتگاه ذهن خود خلوت میکنیم.

دنیای مدرن امروزی انعکاس فریاد ذهن ماست، فریادی که هیچ زمان مرحمی برایش نیافتیم، حیوانات، گیاهان،... از سرعت ظلم و بی توجهی انسان ها به سطوح آمده اند. به همین دلیل ما میراث دار ماسک هایی هستیم. حالا زمان آن است که راه های نرفته خود را برویم و ذهن خود را پرسه بزنیم و از سرعت روزمره گی خود کم کنیم. سرخپوستان آیین جالبی دارند که ذهن خود را پرسه می زنند گاهی با کتاب خواندن با همگام شدن با طبیعت، ... امیدوارم چند لحظه ایی را با هم در این کتاب پرسه بزنیم و لحظه حال را مزه مزه کنیم

دکتر مرجان اصفی

گم شو

آنچه باید برکنم پوستی اینجا است که ماندگار خواهد بود

دکتر مرجان اصفي

شنیده بودم در کنار ملال هایی که هر روز با آن دست و پنچه نرم می کردم باید آن ملال ها را طاقت می آوردم ، باید در خلوت گاه ذهن خود شروع به پرسه هایی میکردم که گهگاه سرخپوستان نیز از این تکنیک استفاده میکردند. در دلم اندوهیی داشتم که نمیدانستم چطور و کجا آن را فریاد بزنم با بارش تمامی افکاری که گهگاه پنچره های توجه من را به خود باز میکرد میگشتم تا مرحمی بیابم ،مرحمی که برای تمام دردهایم قابل لمس باشد. خیلی کتاب خواندم خیلی نقاشی کشیدم و فیلم دیدم اما هیچی جای یک پرسه طولانی در حوالی خاطرات شیرین کودکی ام نبود. تصمیم گرفتم به یک جنگل برم کلبه ای اجاره کنم و تا با خودم حساب رسی نکردم

به زندگی پردغدغه ام باز نگردم.

هیچ چیزی با سرکوب از بین نمیرود؛ برعکس، فقط قوی تر میشود!

سرکوب کردنِ هر چیز، سببِ تشدیدِ جاذبهٔ آن میشود! آنچه را سرکوب کرده‌ایم، وارد لایه های عمیق ترِ اگاهی ما شده و به نحو دیگری سر بر میآورد!

زن ها وقتی احساسی درونشان فوران میکند، باید حرف بزنند: حالا فرقی ندارد فوران غم باشد یا شادی... خوشی یا نا خوشی... آنها باید آنقدر از تمام جزییات ریز تا کلیات را بگویند تا حس کنند آرام گرفته اند!

مرد ها اما... چه در اوج شادی باشند چه اوج غم ترجیحشان این است که در گوشه ای خلوت به اتفاقاتی که افتاده است، فکر کنند و نهایتاً لبخندی بزنند: لبخندی، گاه تلخ و یا گاه شیرین...

«"به تفاوتهای همدیگر احترام بگذاریم"»

همدیگر را در آغوش بگیریم! بغل کردن، رفتاری از جنس نیاز جنسی نیست. از جنس برآورده کردن نیاز های دیگری هم نیست! بلکه یک نوع ابراز محبت و عشق میباشد: یعنی "با زبان بدن" ابراز مهر و

توجه به اینکه فاصله ای بین من و تو نیست. و ببین چقدر لمست
میکنم «و ببین چقدر به تو توجه دارم و مراقبت هستم» ببین چقد به

تو، تعلق دارم: ببین چقدر مشتاقت هستم: و ببین چقدر در آغوشت
احساس امنیت میکنم: و چقدر احساس قشنگی است در آغوش
کشیدن: بغلت میکنم که ببینی و می‌بینی چقدر برای من مطبوعی:
چقد میتوانم از تو نفس بکشم؟ بغلت میکنم که ببینی عاشق عطرِ

وجودت هستم!بغلت میکنم که قدرِ بودنت، باورت کنم! بغلت میکنم
که سهم دلخواه انتخاب شده ام از دنیا باشی! بغلت میکنم، چون آرامم
میکند! و دلم میخواهد آرامت کنم! بغلت میکنم تا بگویم قلبم، قلبت
را حس میکند و بغلت میکنم چون دوستت دارم! حتی وقتی کنارم
نیستی و فقط یاد تو با من هست!

اگر ما ترس از دست دادن همسرمان را داریم و مدام فکر میکنیم،
مبادا به من خیانت کند، به دلیل عَدَمِ رضایت از رابطهٔ مان میباشد
و به رابطهٔ خود مشکوک هستیم: این را به راحتی در رفتار کودکان
با والدینشان هم میتوانیم ببینیم: کودکی که والدینش او را به پارک
میبرند، اگر رابطهٔ دوستانه و وابستگی محکم و مطمئنی با آنها داشته

باشند، به احتمال بسیار به زودی والدینش را ترک و در پارک جست و خیز میکنند. در حالیکه اگر کودکان با والدینشان ارتباط ضعیفی

داشته باشند، احتمالاً با نگرانی در نزدیکی پدر و مادر می پلکند، بیش از آنکه چیزهای تازه را جستجو کنند!

آن روز صبح تردید داشتم که باید می رفتم یا خیر؟ شروع کردم به قدم زدن جلو درب منزل که با اطلسی های خوش بو پوشیده شده بود آنقدر قدم زدم که دیگر تاب نفس کشیدن نداشتم اما صدایی مرا به

سمت این سفر می کشاند ،صدایی بارها در گوشم طنین انداز شد گویی که بی اختیار چمدانم را با دستان ناتوان برداشتم ،آن صدا زمزه کنان گفت:هر کسی باید به این سفر برود همان صدا گفت: تا حال کجا بودی احساس عجیبی وجودم مملو از آرامشی از ناشناخته ها کرد نمیدانستم به کجا میروم ولی بهتر بود که میرفتم مخصوصا که به خاطر اخلاقم خانواده و دوستانم همه و همه مرا ترک کرده ناگهان صدای گرم و مردانه ای خلوت گاه ذهنم را برآشفت و گفت: آقا بفرمایید .. ودرب را برایم بازکرد تا آن زمان کسی آنقدر برایم احترام قایل نبود وارد ماشین شدم در حال نگاه کردم به مناظر از خانه نازنینم دور شدم یاد جمله ای زیبا افتادم آدماهایی که مار را

رنج میدهند خیلی اوقات رنج کشیده هایی هستن که نتوانستن از زخمشان عبور کنند(۱)

آیا واقعا چیزی از گذشته مرا آزرده خاطر میکرد نمیدانستم فقط سروهایی را میدیدم که به سرعت از جلوی دیدگانم عبور میکردند پرچم دیدگانم به کناری رفت سیل عظیمی از اشکاهای فرو خورده سرازیر شد ناگه به خود آمدم،دیدم راننده با چشمانی متعجب از آیینه ماشین به من خیره شده گفتم ببخشید امان از این حساسیت فصلی راننده گفت راحت باش و دستمالی بهم تعارف کرد و پرسید فکر کنم

برای گم شدن میروی تعجب کردم گفتم گم شدن؟ گفت میروی تا تمام حرفهای گفته و نگفته ، راهای رفته و نرفته را با خودت حساب رسی کنی ! گفتم چه جالب از کجا میدانید گفتم من سالهاست راننده کسانی هستم که در روزمرگی زندگی خود را گم کرده اند و تبسمی زد و ادامه داد راحت باش گریه کن فریاد بزن حسابت را با خودت صاف کن بعد برگردد. حس عجیبی وجودم فرا گرفت گویی از همان آغاز راه درسهایم شروع شده بود و فقط نگاه میکردم بی اختیار پرسیدم آیا تا به حال گمشده ای؟گفت بعله سالهاست گم شده ام !گفتم پیدا شدی؟

گفت گاهی زیبایی مسیر گم شدن آنقدر جذاب هست که نمیخواهی پیدا شوی !نفهمیدم منظورش چیست چون من

اصلا سررشته ای نداشتم من فقط میخواستم برم کمی استراحت کنم اما عجب سوال هایی در گوشه کنار ذهنم به صدا در می آمد که گفتم خدا رو شکر که من احتیاجی به پیدا شدن ندارم چون کسی انتظار مرا نمیکشد همانطور که در اینه ذل زده بود گفت رسیدیم در را باز کرد تا من پیاد شوم! دست روی شانه هایم گذاشت و گفت فراموش نکن کسی بیصبرانه منتظر آغوش توست و رفت تا از دیدگانم محو شد مجالی برای پرسیدن سوال به من نداد چمدان خود را برداشتم و به سمت کلبه رفتم. با کلید قدیمی در کلبه را باز کردم گویی کسی واقعا منتظر من بود اصولا خیلی سبک به سفر میرفتم بخاطر همین چند دست لباس بیشتر با خود نیاورده بودم آنها را داخل کمد گذاشتم ودر تختی که با نور پنجره محصور شده بود به خوابی عمیق فرو رفتم ناگهان با صدای زنگ ساعت کهنه رو دیوار از خواب بیدار شدم از پنجره به بیرون خیره شدم تا دیده گانم کار میکرد درختان سرسبز بود و بس هیچ کلبه ای در ان اطراف نبود کتابی را که با خود آورده بودم

برداشتم تا شروع به خواندن کنم که نوشته بود:

رفتار های مخرب چیست؟

"یکی از نشانه های رابطه سالم این است که طرفین هیچگاه تنهایی تصمیم نمی گیرند. افرادی که دوست دارند مدیر باشند و طرف مقابل شان را کنترل کنند، معمولا به تنهایی تصمیم می گیرند. اگر شما برای هر کاری که می خواهید انجام دهید باید از شریک زندگی تان اجازه بگیرید یا کارهایی را بکنید که او می خواهد، بدانید که تحت کنترل او هستید. این رابطه ای سمی ست که در آن امنیت و صمیمیتی وجود ندارد.

رفتار کنترل شونده معمولا عکس العملی به حسادت، عدم امنیت و عصبانیت است. قدم اول این است که فضا را برای او به گونه ای بسازید که او احساس امنیت کند و بتواند در مورد رفتارش با شما گفتگو کند. اگر شریک زندگی تان رفتار زشت اش را قبول کند، باید امیدوار باشید زیرا او جای تغییر دارد. اما اگر او این رفتارش را قبول نداشت و حاضر به تغییر هم نشد، باید از یک مشاور یا متخصص کمک بگیرید.

۱۴

آیا تا به حال شده که شریک زندگی تان به شما چیزهایی بگوید که شما از خودتان شرمنده شوید. اگر چنین است، باید به شیوه صحبت

او با خودتان بیشتر توجه کنید. اگر او مدام رفتارهای شما را نقد و شما را سرزنش می کند، بدانید که رابطه شما به خط قرمز نزدیک شده است و خیلی زود از هم می پاشد. این که شما مدام حس بدی نسبت به خود داشته باشید، شما را پس از مدتی تنها و گوشه گیر خواهد کرد.

افرادی که دیگران را مسخره می کنند و به آنها حس شرمندگی می دهند، در واقع با این کار می خواهند خودشان را بالا بکشند. آنها شما را خنگ فرض می کنند تا خودشان را عاقل تر جلوه دهند. اگر این رفتار شریک زندگی تان تبدیل به عادت شده است، باید با خودتان بیاندیشید که آیا این رابطه ارزش ادامه دادن دارد یا خیر. اگر پس از مدتی حس تنهایی و گوشه گیری کردید، وقت آن است که با طرف مقابل تان صحبت کنید و دلیل این کارش را از او بپرسید. اگر او تمایلی به گوش دادن به حرف های شما نداشت، وقت آن است از او فاصله بگیرید، در غیر این صورت همان یک ذره اعتماد و عزت

نفس تان را هم از دست خواهید داد.

آیا تا به حال شده از شریک زندگی تان چیزی بخواهید و او آن کار را

برای شما انجام دهد اما مدام غر بزنید و منت سرتان بگذارد؟ در این شرایط آرزو می کردید که ای کاش از او چیزی نمی خواستید. این شرایط درست مثل این است که از فردی می پرسید «حالت خوب است؟» و او در جواب بگوید «خوبم» اما با نگاهی به چهره اش می فهمید که دروغ گفته است.

زمانی که صمیمیت در یک رابطه عاطفی برقرار می شود، ممکن است که یکی از طرفین سواستفاده کند و از طرف مقابل بخواهد که خواسته های او را برآورده کند. شاید در ابتدای رابطه این موضوع مشکلی را بوجود نمی آورد اما پس از مدتی می تواند رابطه را تبدیل به یک رابطه ناسالم سازد. در یک رابطه سالم، دو طرف حد خود را می دانند و به محدودیت های یکدیگر احترام می گذارند اما زمانی که یکی از طرفین پا روی این مرزها می گذارد، نشانه ای از عدم احترام است.

۱۶

زمانی که ما یک نفر را دوست داریم، از تمام چهارچوب های خود می گذریم و سخت است که بخواهیم مرزهایمان را مانند قبل نگه داریم اما از طرفی ممکن است شریک زندگی مان از این وضعیت

سو استفاده کند. اگر طرف مقابل تان پا روی مرزهایتان گذاشت، بهتر است که ابتدا با او در این باره صحبت کنید اما اگر دیدید که این رفتار تکرار شد، بهتر است کمی سخت تر بگیرید و به او این اجازه را ندهید که وارد محدودیت های شما شود. ارزش های زندگی شما نباید توسط شخص دیگری پایمال شود، بنابراین از آنها دفاع کنید".

رفتار های مخرب چیست؟ و تئوری انتخاب چگونه عمل میکند! «ویلیام گلاسر» مفهومی تحت عنوان (کنترل بیرونی) را معرفی کرده و مکرراً در آثارش از آن استفاده کرده است. او کنترل بیرونی را در هرگونه تلاش برای تحت فشار قرار دادن یا تغییر رفتار دیگری خلاصه میکند. او همچنین کنترل بیرونی را مایهٔ فلاکت و بدبختی انسان ها میداند. همانطور که بارها بیان میکند، کنترل بیرونی تخریب کنندهٔ ازدواج، روابط خانوادگی، روابط کاری، و کارایی

مدارس و محیط های آموزشی است. ما معمولاً کنترل بیرونی را توسط هفت عادت رایج در روابطمان به کار میبریم!

«"انتقاد"» به معنای آن است که رفتار، عملکرد، گفتار، نحوهٔ پوشش و یا ویژگی های شخصیتی طرف مقابل را مورد ارزیابی و قضاوت منفی قرار بدهیم و این قضاوت های منفی را برای او بازگو کنیم!

«"سرزنش"» به معنای متهم کردن طرف مقابل است و یا اینکه دیگری را مسبب اتفاقی ناخوشایند بدانیم و او را محکوم کنیم!

«"گلایه و شکایت"» به معنای تجربهٔ احساس ناخشنودی و یا سرخوردگی از رابطه و یا رفتار طرف مقابل و ابراز این احساسات و نارضایتی های کلی به اوست!

«"تهدید"» با گوشزد کردن نتایج و پیامدهای نا خوشایند به طرف مقابل، قصد و تلاشمان برای مجبور کردن او به انجام دادن و یا ندادن رفتاری است!

«"غُر، غُر"» تکرار مکرر انتقاد، سرزنش، گلایه و تهدید نزد طرف مقابل است!

«"تنبیه"» تحمیل یک آسیب و یا وضعیت نامساعد و ناخوشایند به دیگری، و هر گونه اِعمال درد و رنج به او، به منظور کنترل او و مجازات اوست!

«"باج دهی"» و یا پاداش به منظور کنترل: تلاش برای وادار کردن طرف مقابل به انجام دادن و یا ندادن کاری در عوض پیامدی خوشایند است!

هر چه میزان حضور این رفتار ها در رابطهٔ مان بیشتر باشد، احتمالاً رضایتمندی ما از آن رابطه کمتر خواهد بود. مراقب روابطمان باشیم!

زندگی زناشویی رضایتمند و خشنود رابطه ای کاملاً مشترک است!

هر چقدر هم غیر عاقلانه بنظر برسد زوج هاییکه یکدیگر را دوست دارند، اخبار مربوط به بیماری یا ورشکستگی خود را با همسرشان در میان میگذارند! این اخبار چه خوب باشند و چه بد اولین کسیکه این اخبار را به او میدهند، همسرشان است!

این کار، سطحي از اعتماد را که منحصر به رابطهٔ زناشوئی است بوجود میآورد!

»"ثروت در رضایت از زندگی نقش بزرگی دارد، اما در شادکامی یا حال خوب چندان نقشی ندارد"«

یادمان باشد! هرکسی به میزان "حقارتش" "توهین" میکند: به میزان "فرهنگش" "عشق میورزد" و به میزان "کمبود هایش" "دیگری را آزار میدهد"! هرچه خود را "حقیرتر" بپنداریم، بیشتر "توهین میکنیم" تا حقارت خود را جبران کنیم! هر چه "فرهنگ ما غنی تر باشد" بیشتر به دیگران "عشق میدهیم" و هرچه "هویّت ما عمیق تر باشد" "محترمانه تر رفتار میکنیم" به اندازهٔ "درکمان" میفهمیم، و به اندازهٔ "شعورمان" به «"باور ها و حرف ها ی خود عمل میکنیم"»

***

همانطور که مطالب را میخواندم تمامی رفتارهایی که با همسر و فرزندانم داشتم از گوشه چشمانم رژه کنان مرا یاد گذشته ای انداخت که برای فرار از آن ها به این کلبه تنهایی پناه آورده بودم انقدر خسته بودم که بدون غذایی ترجیح دادم فقط بخوابم پتو را کنار کشدیم و بیهوش شدم نزدیک طلوع آفتاب بود که با صدای چلچله های که فریاد میزدنند صبح شده بیدار شدم. لباسم را عوض کردم صبحانه ای آماده کردم و بعد از صبحانه طبق وقولی که به مشاورم داده بودم تا این کتاب را تمام کنم شروع به خواندن کردم

با کوبیدن مشت باد به در خود را روی صندلی در حال خواندن کتاب یافتم . درصورتی که ۵ ساعتی از آن زمان میگذشت . احساس میکردم دیگر وقت آن رسیده چیزی بخورم و برای پیاده روی به

جنگل سری بزنم. ساندویچی درست کردم و به بیرون کلبه رفتم در حال قدم زدن بودم که خود را در میان انبوهی از درختان سر به فلک کشیده دیدم تا چشمانم کار میکرد درخت بود و درخت رو به آسمان چشمانم را گشودم با حالتی ملتمسانه نگاهی به آبی کبود آسمان

انداختم تازه فهمیدم که ما نفرین شدگان دنیای مدرن هستیم هر چه به حالت التماس دست خود را رو به جهان هستی بالا ببریم جز ملال پاسخی نمیگیریم جهان هستی شاید میخواهد ریتم روزمرگی ما را کاهش دهد ناگهان یادم آمد شاید بیماری کرونا یا هر بیماری دیگر انعکاس فریاد ذهن ماست فریادی که هیچ گاه برایش مرهمی پیدا نکردیم حسی به من گفت حیوانات و گیاهان از سرعت ظلم انسان و استفاده نابجا از علم به سطوح آمده اند به همین دلیل ما هم اکنون میراث دار ماسکها بر دهان خود شده ایم حس غریبی در درونم گفت وقت ان است که راههای نرفته خود را پرسه بزینم و در خلوت گاه خود گم شویم شاید کسی در جایی منتظر ما باشد احساس سر گیجه ای شدید به من دست داد حس کردم آسمان به دور سرم میچرخد خود را داخل تونلی یافتم که تمام اجرام آسمانی در آن غوطه ور

بودند یک حس آرامش بخش وجودم را فرا گرفت گویی از فر سنگها
ارتفاع به زمین کوبیده میشوم ولی آنقدر آن تونل عمیق بود که تصور
تمام شدنش برام ناممکن بود خود را وسط میدانی یافتم. گویا میدان
square در نیویورک بود خودم را از بالا در حال دویدن با یکه کت
شلوار وکروات خیلی شیک میدیدم فکر کنم دنبال جایی

برای استخدام میگشتم خیلی تعجب کردم چون تا به حال به نیویورک
سفر نکرده بودم! آیا آینده خود را میدیدم برایم خیلی عجیب بود تلفن
را برداشتم دیدم انگار با خانم صحبت میکردم گویا تازه آشنا شده
بودیم چون خیلی مهربانانه صدایش میزدم، رفت گویی سالهاست که
با هم ازدواج کرده ایم برایم خیلی عجیب بود پس نمیتواند آینده باشد
من در زندگی ثروتمند نبودم که توان گرفتن پرستار را برای فرزندانم
داشته باشم؟ پس اینجا کجاست؟ حسابی گیج شده بودم که صدایی
محو را شنیدم که میگفت به جهان موازی خوش آمدید تو در جهان
های موازی گمشده ای بیش نیستی کمی بعد صدا ادامه داد تو در
این زندگی که دیدی داری عشق و سخاوت ثروت و دارایی را تجربه
میکنی! گفتم آیا لازم است گفت ۱۰۰ درصد گفتم پس زندگی خودم

چه میشود من در آن زندکی یک آدم بدرد نخورم باریم چه فایده ای

دارد منی دیگر در زندگی دیگر مرفه باشد و من آن را حس نکنم صدا

گفت تو آن را حس میکنی فقط باید در آن گم شوی گفتم من گیج

شدم نمیدانم چه بگویم مرا با خود داخل تونل پر از آرامش فرا خواند

گوی کسی مرا به آنجا هل داد تمام کهکشان ها در حال چرخش

دورانی دور من بودن گویا من مرکز هستی هستم ناگهان خود را در

مطب دکتری یافتم با لباس متفاوت و موهای سفید پرسیدم این هم

من هستم صدا هیچ پاسخی نداد دیدم با دکتر با زبانی متفاوت گویی

ابری گفت گو میکردم من تا آن زمان آن زبان را بلد نبودم اما در

کمال ناباوری میفهمیدم آن چه میگویند گویی از یک بیماری لاعلاج

رنج میبردم که تمام بدنم را فرا گرفته بود و فرزند و همسری نداشتم

و در یک ساختمان خیلی قدیمی بعنوان سرایدار کار میکردم بی کس

و تنها صدا گفت تو هم اکنون میلیون ها زندگی متفاوت را تجربه

میکنی به همین دلیل اگر در یک زندگی شکست خورده هستی

خودت همزمان در جای دیگر اوج موفقیت را تجربه میکنی ولی

متاسفانه نمیتوانی ببینی و فکر میکنی در حق تو بی انصافی شده در

حالی که هر کدام از شما میلیون ها زندگی در موازات هم دارید که در هر کدام درسی می آموزید با کمال شگرف فقط گوش میدادم و هیچ نمیگفتم صدا گفت به نظر تو زندگی چیست ؟

متفکران، در طول تاریخ بشر، همواره این پرسش را مطرح کرده‌اند، اما تردید دارم که تاکنون پاسخ مورد توافقی پیدا کرده باشند! البته اکثر مردم اتفاق نظر دارند که زنده بودن انتخاب ما نیست؛ اما اکنون

که در زمرهٔ زنده ها هستیم، میتوانیم برای طرز زندگی کردنمان انتخاب هایی داشته باشیم! قبل از هر چیزی، یاد بگیریم: هنر گوش دادن را فرا گیریم؛ فرصت ها، گاهی به آهستگی در میزنند!

**

«"لذت های کوچک را احساس کنیم"»

هوای توی گل فروشی، خوابیدن راحت در هر جا و مکانی، دیر میرسیم سرکار و رییس هنوز نیامده، خنکی طرف دیگر بالش، زمانیکه اسم عطر ما را بپرسند، لیسیدن انگشت های پفکی، وقتی نوزادی انگشتمان را محکم بگیرد، بوی تن نوزاد، وقتی خوابیم کسی پتو روی ما بیاندازد، مغز کاهو، حرف زدن بچه با خودشان وقتی دارند تنهایی بازی میکنند، آخرِ سفر نشستن و همهٔ عکس هایی را که گرفتیم نگاه کردن، وقتی کسی به ما میگه صدای خنده ات را دوست

دارم، وقتی خنده امان میگیرد و خنده امان را، نگه میداریم، بچه ها بازی خود را متوقف کنند، تا ما بتوانیم از کوچه رد بشویم، با پای برهنه روی شن های خیس ساحل قدم زدن، با دوستی پیاده روی کردن و بوی چمن خیس را استشمام کردن و امثال اینها را!اینها، همگی، لذت های زندگی هستند: زندگی را ساده بگیریم و از اینهمه لذت های کوچک زندگی، خوشبختی را، احساس کنیم! هر کدام از ما، امروزمان، بر اساسِ شالودهٔ انتخاب هاییکه دیروز، سه

روز، سه ماه یا سه سال پیش کرده ایم، بنا میشود! ما فقط بر مبنای یک انتخاب، بدهی کلانی به بار نمیآوریم. ما فقط در نتیجهٔ یک بار زیادی خوردن نا مناسب، پانزده کیلو چاق نمیشویم و معمولاً یک تصمیم نا درست به تنهایی و یک شَبه، روابطمان را به هم نمیریزد!

ما در جاییکه الان قرار داریم، انتخاب روز های پیشینِ ماست! چون هر روز در پی روزی دیگر، انتخاب های نا آگاهانه یا نا سالمی را تکرار کرده ایم که ما را به واقعیت و موقعیت کنونی رسانده است!

و ادامه داد یک ذهن ساکت ....

اگر نتوانی خودت را دوست داشته باشی، من کسانی را بسوی تو میآورم که تو را دوست ندارند. تا بلاخره بفهمی تو به عشق خودت نیاز داری نه دیگری!

اگر نمیتوانی خشم خود، را کنترل کنی، من افرادی را سر راه تو قرار میدهم که تو را عصبانی کنند، تا بلاخره کنترل آنرا به دست بگیری!

اگر بخشیدن کسی (مثل خیانت شریک زندگی، پدر و مادر، خویشان، دوستان) برایت، غیر ممکن است، من کسی یا کسانی را

مشابه با او، جلوی راه تو قرار میدهم که بالاخره بدانی: کینه تنها بارِ تو را سنگین تر میکند. و بخشش تنها راهِ خلاصی میباشد!

اگر ارزشت را نمیدانی، من کسانی را سر راه تو قرار میدهم که ارزشت را ندانند. تا یاد بگیری دانستن ارزشت با خودت آغاز میشود. چرا ها را باید در درون خود پیدا کنیم! هیچ جای دیگر بدنبال آنها نگردیم!

انسان مجموعه ای از آنچه دارد نیست، بلکه مجموعه ایست از آنچه هنوز ندارد، اما میتواند، داشته باشد! «ژان پل سارتر»

به این نتیجه رسیده ام، اگر من در آرامش باشم، تمام جهان برای من

در آرامش جلوه میکند: این فقط یک انعکاس است! هر چیزیکه ما هستیم، بر همه جا منعکس شده است!

("همیشه خودمان را "نقد" بدانیم! تا دیگران ما را به "نسیه" نفروشند!")

سعي کنیم، استاد "تغییر" باشیم: نه قربانی "تقدیر" در زندگی به کسی اعتماد کنیم، که برایش "ایمان" داریم "نه احساس"! و، هرگز بخاطر مردم "تغییر نکنیم"

(این جماعت هر روز ما را جوری دیگر، میخواهند) شهری که همه در آن "می‌لنگند" به کسیکه "راست" راه میرود "میخندند" یاد بگیریم: تنها کسیکه لبخند ما را میخواهد "عکاس است" که او هم پولش را میگیرد!

به چیزی که دل نداره "دل نبندیم" هرگز تمامیتِ خودمان را براي کسی رو نکنیم و بگزاریم کمی "دست نیافتنی" باشیم! "بسیاری از افراد، تمامت که کنند رهایت میکنند" و در اخر "خودمان باشیم" نه مجسمه ای که بخواهیم دیگران را برای لحظه ای شاد یا دلگیر کنیم!

درکتابِ (تلهٔ شادمانی) داستان «من بی لیاقت هستم» را از زبانِ «دکتر راس هریس» بشنویم: مینویسد: مدت ها پیش از آنکه پزشک شوم «من لیاقت ندارم» در من وجود داشته است. در جای، جایِ مختلف زندگیم، از یادگیری رقص تا نحوهٔ استفاده ازکامپیوتر، وقتی دچار خطایی میشدم، همان فکر به سراغم میآمد: «من لیاقت ندارم!» و البته این افکار به اشکال دیگری نظیر «احمق» یا «تو نمیتوانی هیچ کاری را درست انجام دهی!»

این صدا ها معمولاً در ذهن بسیاری از افراد شنیده میشوند. اگر واقعاً مشاهده کنیم که این افکار از چه جنسی هستند، دیگر درگیر مشکلاتشان نخواهیم بود. "افکار" فقط تعدادی کلمه هستند که به *ذهن* خطور میکنند. به یاد داشته باشیم اگر به جای گوش دادن به ندای *ذهن* توجه بیشتری به دستاورد های زندگی داشته باشیم، قدرت بیشتری داریم تا زندگی خود را در مسیر دلخواه هدایت کنیم!

و گفت تو در هر کدام از نقش هایت به نحوی داری مسئله ای را در درونت سرکوب میکنی هیچ چیز با سرکوب از بین نمیرود

«سقراط بزرگ» میگوید: وقتی دیدید سایهٔ انسان های کوچک در حال بلند شدن است: باید بدانید، که، آفتاب سرزمین تان در حال غروب کردن میباشد! سرزمینی که متفکرانش بیکار باشند و بیسوادان آن شاغل! مشاورانش بیمار باشند، و وکلایش ساکت! جوانانش دل مرده باشند، و سالخورده گانش بلند پرواز! مردانش لحن زنانه داشته باشند، و زنانش ژست مردانه! اغنیایش دزدی کنند، و فقرایش کارگری با حقوق بخور و نمیر! صادراتش فیلسوف باشد، و وارداتش مواد مخدر! قبر هایش خریده شوند و مغز هایش فروخته!

بدانید که، گورستان تاریخ است!

در هر کدام یک ی از نیروهای درونت را تقویت میکنی نیروهای عقلانی عشق ....

دقت کن در یک زندگی ازدواج کردی و پشیمانی زندگی دیگر ازدواج نکردی و پشیمانی...

یادمان باشد! وظیفهٔ دیگران نیست نیاز های ما را برآورده کنند یا به انتظارات ما جواب دهند.

قرار هم نیست که همیشه با ما خوب تا شود. عدم پذیرش این نکته، احساس خشم و نفرت در افراد ایجاد میکند. اما فراموش نکنیم! آرامش روحی وقتی به دست میآید که آدم ها را همانطوریکه هستند بپذیریم و بر نقاط مثبتشان تکیه کنیم!

در روزگار سخت باید شادی خود را حفظ کرد، شادی به ما قدرت میدهد، ممکن است در زندگی تسلیم فشار های زندگی شویم، ایمان واقعی باید در چهره مان نشان داده شود، لبخند بزنیم، مهربان باشیم، خندیدن را یاد بگیریم: «قلب شاد مثل دارو است»

از مصاحبت با هم لذت ببریم، اینها باعث میشود که روحی تازه و جدید به رابطهٔ ما وارد شود، در رابطه امان خنده را حفظ کنیم، خانواده ایکه با هم میخندند با هم میمانند!

متاسفانه، دنیا همه را، کم و بیش، در هم میشکند، ولی پس از آن خیلی ها جای شکستگی اشان قوی تر میشود!

در طبیعت قانونی نیست که آدمی را به دوست داشتن بشریت موظف کند، و اگر تاکنون بر روی زمین عشقی وجود داشته، مربوط به قانون

طبیعی نبوده، بلکه به این دلیل بوده که آدمیان به بقاء ایمان داشته‌اند!

تعهد مبتنی بر این تفکر است که به همسرمان حس ارزشمندی و منحصر به فرد بودن بدهیم. در ذهن و کلاممان قدردان داشته هایمان باشیم و بدینگونه در کنار همسرمان تعهد را شکل دهیم. ما بر این باوریم که هیچکس در مقام مقایسه با همسرمان نیست، از این رو ویژگی های مثبتش را در ذهن، بزرگ و ویژگی های منفی اش را کوچک میکنیم. اینگونه میاندیشیم که هیچکس بیرون از رابطه، بصورت واقعی یا خیالی، در مقام مقایسه با همسرمان وجود ندارد و این تفکر را در عمل نیز منعکس میکنیم!

موضوع این است: فرض کنیم، زن داریم و زن خود را هم دوست داریم، اما، عاشق زن دیگری میشویم: این هیچ توضیحی و دلیلی ندارد! معذرت میخواهم، از اینجا دیگر هیچگونه از این حرف، سر در نمیاورم! مثل این استکه؛ این حرف برای من درست به همان اندازه عجیب و نامفهوم استکه فرض کنم وقتی اینجا خوب سیر شده ام، از کنار دکان نانوایی که رد میشوم، یک نان قندی بدزدم!

اینجاست که باید بگویم: به یاد این گفتهٔ شمس تبریزی افتادم! عده

۳۳

ای از شمس تبریزی پرسیدند؟ چگونه، علاج این رنجور را میکنی، پس، چرا علاج پدرت نکردی که بمُرد؟ و علاج فرزندت نکردی؟ و مصطفی را گویند: چرا عُمّت را که «بولهب» است، را از تاریکی برون نیاوردی؟

جواب گوید: اینها، رنج هایی هستند که قابل علاج نیستند؛ مشغول شدنِ طبیب بدان جهل باشد! اما، رنجهایی هستند، که قابل علاج میباشند؛ ضایع گذاشتن آن بی رحمی باشد!

یکی در زمینی چیزی میکارد، او را گویند چرا در آن زمین ها که پهلوی خانهٔ خودت بود، چیزی نکاشتی؟ گوید: بهترین دانه هم، در

شوره زار نمی روید و، آنجا شوره زار بود و، لایق نبود!

و اما، باز به یادم آمد، گفتار «نلسون ماندلا» در سخنرانی مراسم تحلیفش در سال 1994 بعنوان ریيس جمهوری آفریقای جنوبی! از جمله گفت: "آزاد بودن تنها به منزلهٔ رهایی از زنجیر نیست. آزادی نحوه ای از زیستن استکه آزادی دیگران را محترم شمرده و تقویت میکند" «ماندلا» با همین نحوهٔ زیستن تاریخ کشورش و همچنین

تاریخ جهانی را در واپسین سال های سدۀ بیستم به سهم خود دگرگون ساخت!

و گفت تو در زندگی که باعث آزار و اذیت فرزندانت شدی به دلیل حس شرمی است که از کودکی گریبان گیر توست با دقت گوش میدادم گویی کلاس گرانبهایی ثبت نام کردم با وجود اینکه هیچ مبلغی نداده بودم صدا گفت تا از اینجا بیرون رفتی و به کلبه برگشتی تمام تمرینات را انجام بده لیست بلند بالایی به دستم داد و گفت تا پوست خود بر نکنی از کلبه تغییر بیرون نیا گفتم چرا گفت این سفر تو زمانی به پایان میرسد که از خودت خود واقعی را بیرون بکشی تحول عظیمی صورت بدهی فقط نگاه میکردم به آن عظمت

به آن حس به چیزهایی که دیده بودم ناگهان خود را میان انبوهی از درختان یافتم در تعجب آن بودم که ثانیه ای هم نگذشته بود احساس میکردم شاید توهمی بیش نبود اما دستانم را نگاه کردم و کاغذ را دیدم پس توهم نبوده با پاهای لرزان به سمت کلبه حرکت کردم تا تمرینات را از صبح آغاز کنم به هنگام ورود به کلبه رو تخت به

خواب رفتم زمزه کنان گفتم عجب خواب شیرینی دستانم را فشردم و خوابیدم....

تمرین روز ۱:

قبل از آنکه تصمیمی بگیرید، از خود بپرسید «چرا؟». پس از آنکه به آن پاسخ دادید، دو بار دیگر نیز این فرایند را تکرار کنید. اگر سه دلیل خوب برای تصمیمی که گرفته‌اید یافتید، آن را اجرا کنید. در این

صورت جزو افرادی هستید که در کارهای خود اعتماد به نفس دارند. خودشناسی یعنی اینکه بدانید انگیزه‌تان از انجام هر کاری چیست و بتوانید تعیین کنید که آیا اقدامات شما معقول و منطقی هستند یا نه

تمرین روز ۲

یک فیلسوف می‌گوید: «محدودیت زبانی دنیای افراد را محدود می‌کند.»

احساسات فقط به دو حالت خوشحالی و ناراحتی محدود نمی‌شوند. احساسات می‌توانند واکنش‌های جسمی و رفتاری قدرتمندی ایجاد کنند که پیچیده‌تر از این دو حالت هستند. بیان کردن احساسات در قالب کلمات، اثر درمانی بر مغز دارد. اگر قادر به بیان احساسات خود نباشید، به راحتی ممکن است دچار استرس شوید. برخی از منابع و سایت‌ها هستند که فهرست خوبی از واژگان احساسی و عاطفی را ارائه می‌کنند. سعی کنید هر روز یک واژه‌ی جدید بیاموزید.

تمرین روز ۳

یکی از مهارت‌های مهم در زندگی این است که به خاطر دستاوردهای طولانی‌مدت و پایدار، بتوانید در برابر خوشی‌های زودگذر مقاومت کنید و به خودتان نه بگویید. این کار درست مانند ورزش دادن

عضلات، با تمرین تقویت می‌شود. هر چه بیشتر «نه گفتن» در مورد لذت‌های روزانه‌ی کوچک را تمرین کنید، بهتر می‌توانید در برابر وسوسه‌های بزرگ ایستادگی کنید.

رسانه‌های اجتماعی، محیط‌های مجازی، تماشای برنامه‌های یوتیوب و نظایر آنها، تفریحاتی هستند که مدام فرد را وسوسه می‌کنند و اجازه نمی‌دهند به موقع به فعالیت‌هایش بپردازد. البته منظور این نیست که استفاده از این امکانات بد است، فقط باید مدت زمان پرداختن به آنها را در روز محدود کرد. هر روز سعی کنید پنج تا از این موارد را محدود کنید.

تمرین روز ۴

افرادی که مهارت خودشناسی را در خود تقویت نمی‌کنند، نمی‌توانند در موقعیت‌های گوناگون رفتار عاقلانه‌ای داشته باشند. آنها به سرعت از کوره در می‌روند و واکنش‌های آنی و عجولانه‌ای از خود نشان

می‌دهند.

در شرایط تنش‌زا سعی کنید قبل از هر اقدامی یک نفس عمیق بکشید. این کار به ویژه در هنگام خشم و سرخوردگی بسیار اهمیت دارد. این کار به شما فرصتی می‌دهد تا با ارزیابی شرایط ببینید که آیا واکنش شما بهترین پاسخ ممکن هست یا خیر.

تمرین روز ۵

هیچ‌کس کامل و بی‌نقص نیست. اگر معایب خود را بدانید اما مسئولیت آنها را قبول نکنید، هیچ فایده‌ای به حال شما ندارد. همه‌ی ما به خوبی از دیگران انتقاد می‌کنیم، اما نقص‌های خود را نمی‌بینیم. خودشناسی به ما کمک می‌کند تا عیب‌های خود را ببینیم و کمتر از

دیگران انتقاد کنیم.

پس از آنکه عیب‌هایتان را تشخیص دادید، می‌توانید در رفع آنها بکوشید. عادت کنید تا به جای عذر و بهانه تراشیدن، اشتباهات خود را بپذیرید.

تمرین روز۶

حتما برای‌تان پیش آمده که گاهی با خودتان صحبت کنید. این‌طور نیست که همیشه افکاری که به ذهن ما خطور می‌کنند، مفید باشند. مراقب باشید، زیرا کوچک‌ترین کلمات منفی می‌تواند سبب استرس و افسردگی‌تان شود.

به بازخوردی که در برابر موفقیت‌ها یا شکست‌های خود دارید دقت کنید. آیا معتقدید که موفقیت‌های شما فقط از سر شانس بوده‌اند؟ آیا پس از هر شکست به شدت خود را سرزنش می‌کنید؟ واکنش‌های شما در برابر موفقیت‌ها و شکست‌ها، بازخوردهای مثبت و منفی را در ذهن‌تان شکل می‌دهند. نسبت به خودتان با رحم و شفقت رفتار کنید. پیروزی‌های خود را جشن بگیرید و اشتباهات‌تان را ببخشید.

تمرین روز ۷

می‌توانید از خودتان فیلم بگیرید و بعد آن را تماشا کنید. این کار می‌تواند به شما اعتماد به نفس ببخشد.

هنگام تماشای فیلمی که از خود ضبط کرده‌اید، به طرز راه رفتن، صحبت کردن و حرکات دست خود دقت کنید. اگر بر حسب عادت هنگام راه رفتن کمی خم می‌شوید و آهسته و نامفهوم سخن می‌گویید، بدانید که این عادات می‌توانند سطح کورتیزول بدن را افزایش دهند و

سبب کاهش اعتماد به نفس شوند. در حالی‌که راست ایستادن، محکم راه رفتن و با صدای رسا صحبت کردن می‌تواند سبب ترشح هورمون تستوسترون شود و عملکرد شما را بهبود بخشد. استفاده از حرکات دست نیز می‌تواند به تبیین افکار شما کمک کند و بر واکنشی که مردم نسبت به شما نشان می‌دهند تأثیر بگذارد.

ویدئوهای سخنرانان بزرگ را تماشا کنید و ببینید که در هنگام سخنرانی از چه شیوه‌هایی استفاده می‌کنند. سعی کنید حرکات دست‌ها و زبان بدن آنها را ارزیابی و این مهارت‌ها را در خود تقویت کنید.

تمرین روز ۸

گوش دادن به نظرات و عقاید مخالف، می‌تواند شما را وادار کند تا بارها در مورد باورهای پیش‌فرض خود سؤال کنید. این‌طور نیست که همه‌ی باورها و عقاید پیش‌فرض شما و یا همه‌ی دیدگاه‌های جهانی

درست و منطقی باشند. با خود بحث کنید و ببینید به کدام‌یک از باورهای خود پایبند هستید و کدام یک از آنها را می‌توانید رد کنید.

تمرین روز۹

اگر نوع شخصیت خود را بشناسید، می‌توانید به راحتی نقاط قوت خود را بهبود ببخشید و نقاط ضعف خود را مدیریت کنید. با درک نقاط قوت و استعدادهای خود می‌توانید به موفقیت‌های بیشتری

دست یابید. نقاط قوت همان مهارت‌ها و دانش هستند که در طول زندگی آنها را کسب می‌کنید، در حالی‌که استعدادها ذاتی هستند و در نهاد شما قرار دارند.

آزمون‌هایی برای تعیین نوع شخصیت وجود دارد که می‌توانید با استفاده از آنها خود را تجزیه و تحلیل کنید. برای شروع تعیین کنید که در دسته‌ی افراد برون‌گرا قرار می‌گیرید یا درون‌گرا.

تمرین روز ۱۰

مراحل پیشرفت خود را پیگیری کنید. از ۱ تا ۱۰ به خودتان امتیاز دهید و ببینید تا چه حد در تمرین خودشناسی پیشرفت کرده‌اید. هر بار که از کاری پشیمان شده‌اید، هر بار که عادت غلطی را تکرار کرده‌اید، تعداد تصمیماتی که بدون فکر گرفته‌اید و مواقعی را که افکارتان نامنظم بوده است یادداشت و خود را ارزیابی کنید.

برای خود اهدافی را تعریف کنید. اهداف بزرگ را به هدف‌های کوچک‌تر تقسیم‌بندی کنید. در پایان هر روز از خود بپرسید: امروز چه کارهایی را به خوبی انجام دادم؟ چه کاری می‌توانم انجام دهم تا فردا بهتر از امروز عمل کنم؟ مراحل پیشرفت خود را پیگیری کنید. از ۱ تا ۱۰ به خودتان امتیاز دهید و ببینید تا چه حد در تمرین خودشناسی پیشرفت کرده‌اید. هر بار که از کاری پشیمان شده‌اید، هر بار که عادت غلطی را تکرار کرده‌اید، تعداد تصمیماتی که بدون فکر گرفته‌اید و مواقعی را که افکارتان نامنظم بوده است یادداشت و خود را ارزیابی کنید.

برای خود اهدافی را تعریف کنید. اهداف بزرگ را به هدف‌های کوچک‌تر تقسیم‌بندی کنید. در پایان هر روز از خود بپرسید: امروز چه کارهایی را به خوبی انجام دادم؟ چه کاری می‌توانم می‌توانم انجام دهم تا فردا بهتر از امروز عمل کنم؟ روز دهم تمرینات است و روز آخر مطمئن باش که در این مدت یه سفر طولانی درون خود داشتی ولی یادت نرود که هر چند زمانی این تمرینات برای زندگی ما لازم است

این تمرینات را جزیی از روزمرگی زندگی خودت کن لبخندی ناخداگاه بر صورتم آمد همه کلبه را تمیز کردم و با شتاب به سمت خانه روانه شدم .

فردا روزی بود که پایان زمان جدای ما بود و همسر نازینیم و فرزدانم به خانه باز میگشتند واقعا دلم برایشان تنگ شده بود به خانه رسیدم در را باز کردم گویا سال هاست که آنجا نبودم دلم برای میز کارم تنگ شده بود خانه را مرتب کردم و غذایی که همسرم دوست داشت را آماده کردم و بی صبرانه منتظر شدم تا از در وارد شود آنقدر دلم تنگ بود که تاب انتظار را نداشتم ناگهان در باز شد و چهره

همسر و فرزندانم در چهار چوب چوبی در نمایان شد کلی آن ها را در آغوش کشیدم همسرم تعجب کرد ماجرا را از سیر تا پیاز برایش تعریف کردم ناگهان همسرم کاغذی که در دستانش بود را به من نشان داد در کاغذ نوشته بود به خانه برو جواب در دستان همسرت هست ....

"ذهنیت قربانی"

در وجود همهٔ ما؛ یک "من" افسرده، یک "من" عصبانی، یک "من" شاد و یک "من" مضطرب وجود دارد! کدام "من" پیروز میشود؟ هر کدام که بیشتر تغذیه شود!

از افکار منفی و نگرانی های بیمورد دست برداریم: از این فکر ها، که تمام مدّت «مزاحم عزیزانم هستم» نکند نزدیکانمان را «اذیت میکنم»

به این بیاندیشیم، من خوبم و، اگر کسی از من خوشش نمیآید، میتواند اعتراض کند! اگر شهامت اعتراض ندارد، آن مشکل خودش میباشد، نه من!

طرز فکرِ «همیشه دیگران مقصرند» ذهنیت قربانی بودن، ما را به بند میکشد و سپس نابود میکند! گاهی به این فکر میکنیم که مقصر مشکلاتمان یا وضع ناگوارمان کیست؛ گاهی به این نتیجه میرسیم که خودمان هیچ نقشی در این پیشامد های نا خوشایند نداشتیم؛ و این طرز فکر در بعضی موارد از قضا کاملاً درست است. اما این نوع نگاه گاهی میتواند به نیرویی مخرب و ویرانگر تبدیل شود که جهان را مسبب همهٔ بدبختی هایمان ببینیم، نگرشی به جهان و زندگی که

روانشناسان به آن «ذهنیت قربانی» میگویند. و معلوم استکه قربانی همیشه از نظر اخلاقی برحق است، نه مسئولیتی متوجه اوست و نه پاسخگویِ چیزی است!

آدم با احساسی باشیم، آدم حساسی نباشیم! آدم حساس چیزهای کوچکِ بد را بزرگ نمائی میکند: در حالیکه، آدم با احساس چیز های کوچکِ خوب را بزرگ نمائی میکند!

یکی از عواملِ "خوشبختی" یعنی باور کنیم هیچ انسانی کامل نیست و انسان ممکن الخطاست ! خوشبختی یعنی قبل از اینکه به فکر تغییر دادن دیگران باشیم، قاضی زندگی خودمان باشیم!

قدرتی شگرف دارد، هنگامیکه برای انسان ها آرزوی سعادت میکنیم! در آن موقع، است که نیروی درونی مان به تمامی انسان های پاک طینت متصل گشته و راهی میشود، برای عبور تمامی دعا های خیری که از تمامی مردم جهان فرستاده شده است! و آنگاه استکه، انرژی دعا ها و برکتِ انسان های روی زمین، وارد زندگی شخص شده و مستجاب میگردد!برای همدیگر و جهانیان دعای خیر کنیم: آرزو کنیم، برکت، مهر، رفاه، دوستی، محبت، سلامت، کثرت، یاری و

عشق را!

با اصالت زندگی کرده و خودمان باشیم!

یکی از اصلی ترین پایه های شخصیت سالم، داشتن اصالت میباشد! اینکه، تن به انجام هر کاری ندهیم و باید بدانیم که، این بدان معنا نیست که نمیتوانیم، بلکه بدان معناست که در زندگیمان چهار چوب

های مشخصی برای خود داریم!

چهار چوبی که خودمان، برای خودمان تعریف میکنیم و پایه اش از اساسِ خانواده امان شکل گرفته: کسیکه چهار چوب ها را حفظ میکند، از اصالت بهره برده!

اصالت را نه میشود خرید، نه میشود ادایش را در آورد و نه میشود با بزک، دوزک کردن، به آن دسترسی یافت!

اصالت یعنی اینکه، دروغ نمیگویم: دوست ندارم خیانت کنم، دوست ندارم بی حرمتی کرده و دلی را بشکنم، دلم نمیاید، دو روئی کرده و دو به هم زنی نمایم! دلم نمیاد مردم را بازی دهم، دوست دارم که متعهد به گفته ام باشم و در نهایت حرمت همگان را در حد لیاقتشان حفظ

میکنم! این بی عرضگی نیست! این بزرگواری، بزرگ منشی و بزرگ زادگیست!

"معنا"

بهترین حس دنیا وقتی استکه به زندگی کسی معنا بدهیم، و او این

را برایمان بازگو کند! توقع تشکر نیست، ولی زمانیکه بازگو میکند، انسان احساس مفید واقع شدن خودش را در مییابد!

وقتی دلیل شادی و غم ما فقط یکنفر باشد، این یک حس جدید و جالب است، که افراد به آن میگویند «''عشق''» و عشق و عاشقی چقدر زیباست و چقدر انرژی زا. انسان عاشق که میشود، حساس تر میشود، بی تاب تر میشود. انسان دلبسته که میشود، دلتنگی را برای بار اول از نوع قشنگ تری حس میکند. انسان عاشق که میشود، خودش را بیشتر دوست خواهد داشت، و او را بیشتر از خودش! اگر قبل از اینکه دستش را لمس کنیم یا دستمان را لمس کند، عاشق روحش شده باشیم، اون عشق، عشقی واقعی تری میباشد!

اگر به انسان در طبیعت و خلقتش توجه کنیم، متوجه خواهیم شد، که نیروی مطلق هستی، همه چیز را در انسان جفت آفرید. دو دست،

دو پا، دو چشم، ولی ما یک بینی داریم، یک دهن و یک قلب! این یعنی بشر! برو برای خودت یک هم نفس، یک هم زبان، یک همدل پیدا کن! انسانیت و انسان بودن چه عبارت قشنگی میباشد، چون

فرقی بین زن یا مرد نمی گذارد! قلب و مغز انسان عاری از جنسیت میباشد!

از خودمان بپرسیم؟ چرا ما انسان ها خوب بلدیم بعد از شنیدن داستان زندگی دیگران در دلمان بگوییم: اگر من بودم هرگز این کار را نمیکردم! اما بی برو برگرد روزی خواهد رسید که آن هرگز، ما را وسط همان داستان پرت میکند، و مشغول همان عمل نکوهش شده میشویم. کاش میدانستیم که قصه های زندگی تکراری‌اند، و فقط جای شخصیت ها عوض میشوند. پس به راحتی مردم را قضاوت نکنیم، چون نوبت خودمان هم میرسد!

کمی گذشت داشته باشیم! بزرگترین هدیۀ گذشت، برای خودمان بر میگردد، و آن هدیه، آرامش است!

یک وقت هائی بی لیاقتی های بعضی از افراد در برابر مهر و افتادگی ما موجب میشود، که ما در مهر ورزی، ایثار و محبت به دیگران خِسّت به خرج بدهیم! ولی بخواهیم، که حساب همه را یکی نکنیم!

باور کنید! هیچوقت نمیدانستم چقدر قوی هستم، تا روزیکه کسی را

که از کرده اش حتی شرمنده هم نبود را بخشیدم، و معذرت خواهی ای که نشنیدم را قبول کردم: آن روز فهمیدم چقدر قوی، بی نیاز و دلی بزرگ دارم لذتش بقدری بود که راهگشای زندگی ای آرام برایم شد! خوب به یاد دارم، یک بارِ دیگر، خیلی از دستش ناراحت شدم، آنقدر که نمیتوانم، بگویم: چقدر! باز برای اینکه دلم برایش تنگ شده بود گفتم: باز هم از دست من ناراحتی؟ و آنجا بود که فهمیدم! از شرمندگی چنین رفتار میکند! انسان وقتی کسی را دوست دارد، حقیقتاً چقدر در برابرش بی دفاع میشود! گرچه، انسان با عذاب وجدانِ کم محبت کردن بهتر کنار میاید، تا با پشیمونی از زیادی محبت کردن! از رفتار آدم ها ناراحت نشویم! بلکه، آگاه شویم!

"سخت نگیریم"

بیا یک دل سیر زندگی کنیم. بیا سخت نگیریم به دنیا، به خودمان،

به آدم ها. بیا هر صبح که بیدار شدیم، بدون پیش بینی اتفاقات روزمره، حالمان خوب باشد و از تجربه های تازه نترسیم. ما آمده ایم بچشیم، مزه، مزه، کنیم و فرق میان خوب و بد را بفهمیم. چطور آسایش زیر دندان امان مزه کند وقتی سختی ندیده ایم، و چطور شادمانی و فراغت به وجودمان بچسبد وقتی طعم تلخی و غصه را نچشیده ایم؟

همانقدر که در جهان لحظات خوب هست، لحظات بد هم وجود دارد و همانقدر که تفاهم هست، تفاوت و نا سازگاری هم هست. همانقدر که در جهان خرگوش هست، بیشه ای هست برای جست و خیز و لذت بردن، و به همان نسبت هم شیری هست برای دریدن و شکار کردن. ما آمده ایم که خوشی و ناخوشی را توامان تجربه کنیم، و یاد بگیریم در هر حال و شرایطی، فرکانس وجودی مان مثبت بماند. در

این عرصهٔ غیر قابل پیش بینی، مهمترین مسئله این استکه یک دل سیر زندگی کنیم، خوشی ها را در آغوش بکشیم، ناخوشی ها را کنار بزنیم، و قدردان چیز ها و آدم های خوبی باشیم که داریم!

از میان تمام خرگوش هاییکه روزی شکار میشوند، برنده همانی استکه پیش از شکار شدنش، یک دل سیر برای اهدافش دویده و زندگی کرده باشد!

انتخاب"

زندگی مجموعه ای از دیدگاه و انتخاب های ما در زندگیست! مثبت یا منفی مینگریم! چگونه، مسیر زندگیمان را میسازیم! بنا براین

تقصیر ها را، گردن شرایط و اتفاق ها نیندازیم!

ثروت واقعی به مال و ثروتِ انسان بستگی ندارد، به حال انسان، سبک زندگی و طرز فکرش ارتباط پیدا میکند!

به خودمان اجازه ندهیم که توسط سه چیز کنترل بشویم. («مردم، پول، و خاطرات گذشته»)

زندگی فقط از جهش ها، اشتیاق ها و حرارت ها تشکیل نمیشود، بلکه سازگاری ها، فراموشی ها و سرسختی ها هم وجود دارند!

آیا هرگز به خودمان گفته ایم: ای کاش یکبار دیگر میتوانستم با کسی که خیلی دوستش دارم و او را از دست داده ام گفتگو کنم؟ آیا فرصت دیگری به دست میآوریم تا آن زمان از دست رفته را، زمانیکه تصور

میکردیم او تا ابد زنده و با ما خواهد بود را جبران کنیم؟ متاسفانه همهٔ ما، کم و بیش، این تجربهٔ. تلخ را داشته ایم! اگر چنین است، بدانیم چنانچه سال ها زندگی کنیم، روز ها بگذرانیم، هیچ یک از آنها جای روزیکه در آرزویش هستیم را نخواهد گرفت؛ یعنی، نمیتواند، که بگیرد! مواظب رفتار و گفتارمان با عزیزانمان باشیم!

متاسفانه، ذات بشر طوریست، که گناهانِ خود، را، خیلی کمتر میبیند و گناهان دیگران را بزرگ نمائی کرده و شریرانه تصوّر میکند! دلیلش هم، این استکه ما تمام شرایطی را که سبب وقوع گناهان ما شده است، را میدانیم و بنابراین موفق میشویم که همان گناهی را که نمیتوانیم بر سایرین ببخشاییم، بر خود ببخشیم!

بگذاریم، آنچه (از دیگری) میرسد در رسد، بگذاریم، آنچه میگذرد در گذرد؛ مالک هیچ باشیم، هیچ چیز را پس نزنیم، بپذیریم، اما نگه نداریم، بیافرینیم اما از آنِ خود نسازیم!

"به من ربطی ندارد" "به شما ربطی ندارد" قبل از اینکه کسی این جملهٔ خبری را جهت هشدار به ما بگوید و مخاطب این جمله قرار بگیریم، خودمان بار ها و بار ها، این جمله را با خودمان تکرار کنیم:

"به من ربطی ندارد" "به من ربطی ندارد" که فلانی چرا لباسش این مدلی است؟ چرا بینی اش را عمل کرده؟ چرا ازدواج نمیکند؟ کِی درسش تمام میشود؟ چرا نمیرود سربازی؟! چرا مدل موهایش این شکلی است؟ چرا رنگ لاکش این رنگی است؟ چرا روسری سر میکند؟ چرا رنگ لباس هایش با هم ست نیستند؟ چرا بچه دار نمیشود؟ چرا پس انداز نمیکند؟ درآمدش چقدر است؟ چند سالشه؟

چرا پدر و مادرش از هم جدا شدند؟ رتبه کنکورش چند شده؟! چرا صدایش بم است؟ چرا رقصیدن بلد نیست؟ چرا کفش پاشنه بلند پا نمیکند؟ و بسیاری چرا های دیگر که هرگز و ابداً "به ما ربطی ندارد" ما مسئول تحلیل زندگی و رفتار دیگران نیستیم! ما مسئول زندگی خودمان هستیم!

هرکسی حق دارد در حریم خصوصی خودش زندگی کند، لطفا با سوال های بیجا زندگی اطرافیانمان را شخم نزنیم!

شکایت کردن از زندگی، وقت تلف کردن است و، ترحم نسبت به خود از دو جهت غیر مفید است! اول اینکه هیچ کاری برای غلبه بر حال ناخوش آیند خود انجام نخواهیم داد و، دوم اینکه با این کارمان،

استیصال ناشی از این رفتار مخرب را به ناخوشی اولیه امان، اضافه میکنیم!

ما برای جلوگیری از شیوع این بیماری به وجدان و همکاری همه شهروندان متکی هستیم. ما جاودانه نیستیم و از مرگ نمیتوانیم بگریزیم، اما دست کم میتوانیم کور نباشیم و کور نمیریم! چشمان

خود را خوب باز کنیم! افکارمان را کنترل کنیم! دیدگاه های خودمان را رشد دهیم و از تغییر نترسیم! "ترس میتواند موجب کوری شود" حرفی از این درست تر نمیشود، هرگز نمیشود، پیش از لحظه ای که کور شویم کور بوده باشیم! ترس کورمان میکند، ترس ما را کور نگه میدارد!

من واقعاً فرمول دقیقی برای موفقیت نمیشناسم، ولی فرمول شکست را به خوبی میدانم: اینکه (سعی کنیم؛ خودمان نباشیم، و، همه را راضی نگه داریم)

"استرس فزاینده"

سر در گمی را افزایش و توانایی شناسایی و اصلاح ابعاد مشکلات را کاهش میدهد، آن هم زمانیکه بیشترین نیاز را به آنها داریم! تنها راه خروج از چنین وضعیتی، این استکه از جایی شروع کرده، و، یکی از مورد های استرس زا را که میتوانیم تغییر دهیم، انتخاب کرده و روی آن کار کنیم!

نگران قله هائی نباشیم، که همچنان مجبور به صعود از آنها هستیم، نگران اولین دروازه‌ای باشیم که در ابتدای مسیر باشد و به آن وارد شویم: (''در هم شکستگی به سادگی موجب وضعیت فلج روانی میشود'') این نمونهٔ خوبی برای اهمیتِ «لحظهٔ انتخاب» یعنی توقف و تأمل است. آرام کردن *گردباد* برای لحظه‌ای، با چند تنفس خوب، سپس فکر کردن به موضوع!

اما فراموش نکنیم، که، در هر شرایطی، وقتی چشم امید ما به نیروی

مطلقِ هستی باشد! هیچ چیز آنقدر ها هم، عجیب نیست که راست نباشد! هیچ چیز آنقدر ها هم، عجیب نیست که پیش نیاید! هیچ چیز آنقدر ها هم، عجیب نیست که دیر نپاید!

حال به همهٔ موهبت هایی بیندیشیم که چنین دور دست بنظر میآیند و از همین حالا منتظرشان باشیم تا در پرتو لطف الهی و به گونه ای غیر منتظره به سراغمان بیایند! چونکه *پروردگار* معجزات خود را از راه هایی عجیب به انجام میرساند!

بخواهیم! در زندگی خود، تنها نباشیم! زیرا که، اگر تک و تنها در گوشهای منزوی بمانیم و فقط پژواک صدای خود را بشنویم، نمیتوانیم حقیقت را کشف کنیم! فقط در آئینه انسانی دیگر استکه میتوانیم آن را ببینیم و آن خویشتن خودمان است و بس!

تلاش در تغییر خود داشته باشیم! خود را عوض کردن تنها راه است به سوی دنیایی بهتر. دنیایی که زندگی در آن لذت بخش است! روزیکه زنده گی کردن را بیاموزیم! از آن روز مزهٔ زنده گی کردن را میفهمیم!

برای لذت بردن از زندگی نباید منتظر کامل شدن و بی نقص بودن

آن باشیم! چرا که جهان زود گذر تر از آن استکه بتوانیم بسیاری از شرایط را دوباره تجربه کنیم!

سن من شاید کم نباشد، ولی با شهامت میگویم: تجربهٔ من در زندگی

اندک است، ولی همین اندک، به من می آموزد که هیچکس صاحب

هیچ چیز نیست! همه چیز تنها نوعی توهم است و این توهم در مسایل مادی و معنوی وجود دارد، اگر کسی چیزی را که در شرف رسیدن به آن باشد را از دست بدهد، در نهایت میآموزد که هیچ چیز به او تعلق ندارد! پس بهتر است به گونه ای زندگی کنیم، که انگار همین امروز نخستین یا آخرین روز زندگی ما میباشد!

همهٔ مردم جهان آدم های خوبی هستند، فقط گاهی به دلیل، میخواهند، آن خوبی را در لحظات نا مناسبی به هم عرضه کنند و بهمین دلیل استکه یا همدیگر را درک نمیکنند و، یا، هرگز به هم نمیرسیدند!

《《"هستی به همه عشق میورزد "》》

با هستی مهربان بوده و به زندگی عشق بورزیم!

هستی نسبت به ما بی تفاوت نیست. اگر در ظاهر اینگونه بنظر میرسد به این دلیل استکه ما بی تفاوت هستیم، هستی فقط باز میتاباند. همچون آیینه ای استکه ما را باز میتاباند. ما را منعکس میکند!

اگر بر سر او فریاد بکشیم بر سر ما فریاد میکشد. اگر برای او آواز بخوانیم برای ما آواز میخواند. هر کاری انجام دهیم هزاران بار بیشتر از آن را به خود ما باز میگرداند، زیرا عمل ما از تمامی سطوح هستی به ما باز میگردد!

هستی به این دلیل بی تفاوت بنظر میرسد که ما عشق نمیورزیم. اگر به هر چه هست، به رودخانه، به کوه، به ستارگان، به انسانها و به حیوانها عشق بورزیم، اگر با عشقی ژرف خود، را غرق در زندگی کنیم و با همهٔ هستی گرم و صمیمی شویم، هستی با ما گرم و صمیمی

میشود!

هستی همیشه هر چه را که از ما، بگیرد به شکلی دیگر، به ما باز

پس میدهد. هستی به این دلیل بی معنا بنظر میرسد که ما معنا نمی آفرینیم. به این دلیل یکنواخت و خسته کننده بنظر میرسد که ما یکنواخت و خسته کننده هستیم!

برای "بودا" هرگز اینگونه نیست! "بودا" میگفت: لحظه ای که من به روشنی میرسم، هستی به روشنی میرسد! بر گرفته از «سخنان اُشو»

ًتوانایی زندگی در لحظهٔ اکنون و داشتن رضایت خاطر در لحظهٔ حال را بسیاری از مردم ندارند! وقتی در حال خوردن سوپ هستیم، به دسر فکر نکنیم! وقتی در حال خواندن کتاب هستیم، دقت کرده و ببینیم، افکارمان کجا هستند؟ هنگام مسافرت بجای اینکه فکر کنیم، هنگام برگشتن به خانه چه کارهایی باید انجام شود، در همان مسافرت باشیم! اجازه ندهیم لحظهٔ اکنون ما که غیر قابل وصف هستند، از دست برود همهٔ دارایی ما لحظهٔ حال است! تکه ای از کتابِ (لحظهٔ اکنون) نگاشتهٔ «دکتر وین دایر»

و، گاهی، راحت تر است، با وجودِ اندوهی که در درونمان موج میزند، لبخند بزنیم تا اینکه بخواهیم به همهٔ عالم توضیح بدهیم که چرا

غمگینم!

«عباس کیارستمی» اینگونه تفاوتِ بین "گِله" و "عصبانیت" را به «ژولیت بینوش» توضیح میدهد: در "گِله" عشق و محبت موجود است، ولی در "عصبانیت" خیر! در "گِله" میل به آشتی داریم! اما در "عصبانیت" میل به متارکه!

میخواهم حکم کنم سرت را بزنند؛ چه وصیت داری؟ - هیچ! کسانت اینجا هستند؟ پسرت را میخواهی ببینی؟ - نه! زنت را چه؟ - نه! مادرت؟ - نه! چرا؟ قلب در سینه نداری؟ «گل محمد» لبخندی میزند! از چه می خندی؟ «گل محمد» پلک ها را فرو بست و گفت: - از پا افتادنِ یک مَرد، دیدنی نیست! تکه ای از کتابِ (کلیدر) نوشتهٔ «محمود_دولت_آبادی»

:References

□ می‌گوید مهرداد, می‌گوید رقیه محمدی, می‌گوید حسین, می‌گوید فرشید, & می‌گوید ۱۲ .(F. (2018, December 5 تمرین خودشناسی که موفقیت را تضمین می‌کند. چطور

□ 10 رفتار مخرب در زندگی مشترک. بدونیم. (Sep- ,2017 .(tember 22